고통은 나의 힘

류근홍 시집

문학의전당 시인선
0302

고통은 나의 힘

류근홍 시집

문학의전당

시인의 말

뒤늦게 문학공부를 시작했습니다.
건설 현장에서 40여 년을 살았지만
꿈은 오로지 시에 있었습니다.
시인이 될 꿈이 이루어지기 전에
병마가 엄습했습니다.
2015년에 암 진단을 받은 이후
네 가지 암에 대한 여섯 번의 수술을 받고
『너희 하나님 여호와께서』란 책을 냈습니다.
남은 생을 시 쓰기와 전도(간증)를 위해 살려고 합니다.
늘 감사하는 마음으로 살고 있습니다.

2018년 12월
류근홍

차례   시인의 말

제1부

숨　13

갈등　14

기억　16

고추 따기 1　18

고추 따기 2　20

생명　22

고향집　24

새벽 다섯 시　26

늦깎이 학생　28

교실　30

노을빛　32

뼈 소리　34

조바심　36

봄　38

무거운 눈꺼풀　40

제2부

수술 전　45

투병기　46

이별　48

유리박물관　50

산길　51

봄날　52

수술 날　54

초승달　56

동반자들　57

수술 후　58

앙상한 상처　60

빛바랜 장독대　62

떡갈나무　64

백년해로　66

슬픈 꽃　68

제3부

사랑 1　71
사랑 2　72
사랑 3　74
전철 속　76
동행자　78
구들장　80
산　82
부활 1　84
부활 2　86
부활 3　88
부활 4　89
거울 속　90
기쁜 소식　92
당신은　94
구속　96

제4부

고통은 나의 힘 1   99
고통은 나의 힘 2   100
고통은 나의 힘 3   102
고통은 나의 힘 4   104
고통은 나의 힘 5   106
고통은 나의 힘 6   108
고통은 나의 힘 7   110
고통은 나의 힘 8   112
고통은 나의 힘 9   114
고통은 나의 힘 10   115
고통은 나의 힘 11   116
고통은 나의 힘 12   118
손녀 바보   120
비만 내리면   122

해설 | 유한한 인간이 영원히 살 수 있는 법   123
    | 이승하(시인·중앙대 교수)

제1부

숨

더 이상 어떻게 멈출 것인지를 생각하지 말자
숨은 서 있거나 앉아 있어도 쉬고 있다

움푹 파인 눈과 다 빠져버린 머리카락으로
글썽이며 올려다보는 하늘은
불행한 신의 숨구멍

오랫동안 투병으로 모두가 내 곁에서 멀어졌다
응어리진 아픔을 뼛속에 집어넣고
오늘 하루만이라도 햇살을 불러 예의를 갖춘다

그동안 불어왔던 비바람은
영원의 먼 끝을 만지작거리고
그 끝에서 주검의 꽃을 피운다

숨을 쉬고 있는 숨
눕지 않고는 데려갈 수 없는 밤
오늘도 멈추지 않고 여지없이 오고 있다

갈등

양쪽으로 바다를 가른 둑길
누가 저곳에 있는 나의 고향 길을 막았는가
조상 대대로 오고 갔던 곳을 무참히 짓밟아버린
갓을 쓴 자들은 보이질 않고

하루의 긴 숨이 비릿한 냄새로 삭아져
간신들만 가득하고 갯벌은 시커먼 시체들이 즐비하고
작은 구멍들을 통해 햇볕을 보며 뻐끔거린다

비스듬히 누워 있는 목선들은
무당 신에게 빌고 빌었던 피 묻은 깃발들만 펄럭이고

건너편 작은 포구에는 뻐끔거리는 물고기를 집어 들고
숨 가쁘게 흥정하는 장돌뱅이 여인이 있다

고기는 이미 싸늘하게 죽었는데
한쪽에서는 웅크리고 앉아 그것을 안주 삼아 소주를 마시고

맞설 수 없는 파도는 가로막은 시멘트 장벽만 계속 치고
튀어 오르는 물방울은 산산이 부서져 내 가슴을 적시고
그 위를 맴돌며 목청 높여 소리를 지르는
갈매기들만 무성하다

기억

바람이 불어오고 있었지
굳게 잠겨 있던 내 마음을 열었어

너무 오랫동안 닫아둔 탓일까
바람이 툭 건들기만 해도 상처가 있는 곳을
긁어대고 있는 기억들

당신을 찾으려 발꿈치를 들고 흐드러지게
피어 있는 갈대꽃 속을 헤치며 무작정 뛰어보았다

바람이 불어오고 있었어
은빛 옷을 입고 손짓하며
바람에 휘날리는 홀씨들을 향해 걸음을 멈추고

무릎 꿇어 고백을 했다
활짝 열어둔 내 가슴에 떨어져 다시 한 번
꽃을 피워보자고

바람이 불어가고 있었다
당신도 하고 싶었던 그 말 오랫동안
바람에 견디어 지내온 것을

차마 할 수 없었던 그 말, 할 말들을
서로가 모두 삼키고
내 마음에 뒹구는 붉은빛은 은빛으로
바람에 하늘로 날아가
다시금 굳게 닫혀버린 기억뿐

고추 따기 1

빨간 고추를 따러 산에 있는 밭으로 갔다
산등성이 고개를 따라 좁은 길 올라가는 도시촌놈
농부 복장으로 무장한 발걸음 무겁기만 하고
풀벌레가 낯선 이방인을 보고
이리 뛰고 저리 뛰며 비웃고 있다

산중턱 고추밭은 뜨거운 태양으로 달구어져 이글거리고
밭고랑을 따라 가지마다 찢어질 듯 달려 있는
빨간 고추들이 눈에 들어오니
금방이라도 다 따버릴 기세다

구부정한 자세로 한 고랑씩 걸으며 허리춤에
찬 비닐 속에 고추를 따는 내 머리에서
흐르는 땀이 눈을 찔러 따가웠다

바닥으로부터 올라오는 지열로 숨쉬기조차 힘들어
가쁜 숨만 내쉬고 여름 내내 처갓집
땀을 먹고 자란 놈들이 도도하게 쏘아보고

도시촌놈 더 고개를 꺾고 허리도 굽히고
겸손한 자세로 어디 한번 잘 익은 빨간 것만
골라서 따보라고 시위를 하는데
올라오는 지열로 흐르는 땀에 더는 버티지 못하고
주저앉아 형님을 불렀다
그만 집으로 가자고 말이다

고추 따기 2

고통의 시간은 땅을 감싸는 뜨거운 열기로
몸부림을 치고 있었다

고랑마다 끝도 없이 매달려 있는 빨간 고추들
천오백 평의 고추 따기는 나를 거의 죽음으로 몰았다

두어 시간이 되니 몸도 마음도 뜨거운 햇빛에 말라붙어
고랑에 벌러덩 누우려 하니
형님은 눈치도 빠르다

류 서방은 고추 딴 것 비닐하우스에 말릴 것이니
집으로 가게 그만 고추밭에서 나오란다

어찌나 반가운지 흐르는 땀방울을 연신 훔치며
빨간 고통의 자루들을 경운기에 싣고 함께 출발을 한다

요란한 엔진 소리는 산골짜기 좁은 비포장길을 호령하고
능숙하게 운전하는 형님은 마술사 같고

뒤에 앉은 난 푹 파인 고랑을 넘어갈 때면
엉덩이가 하늘을 향해 올라갔다가 다시 내려와
신음을 하면서 간다

햇빛에 지쳐서 흐드러진 잎새들이
얼굴과 몸을 스치고
풋풋한 풀냄새가 코를 자극하며
땀을 식히고 있다

이따금 풀벌레가 날아와
머리에 붙었다가 날아가며
도시촌놈 이런 일은 아무나 하는 게 아니라고 비아냥댄다

생명

푸른 잎이 돋고 꽃필 무렵
촉촉이 비 내린 어젯밤
집 안에는 시멘트 냄새로
악취가 다 빠져나가지 못하고
앞마당에 서서 주변에 둥지를 틀고 있는
새 식구들을 본다

한 번도 들어본 적이 없고
한 번도 본 적이 없는
한 번도 살아보지 못한
낯선 둥지로 가기 위해
나무들은 자기 몸에 붙어 있는
살을 여기저기 잘라낸 채
오한에 떨고 있다

새로운 주인을 맞이하려고 고행을 하는
물을 잔뜩 머금은 나무들
몸통만 덩그러니 서 있는

두 쌍의 백일홍은
아물지 않은 상처로
시커멓게 멍이 들었다

옹벽 위에 빼곡히 서 있는 소나무
비 그친 새벽 봄바람이 세차게 불어
솔방울은 떨어져 자꾸만 내 앞을 굴러 지나가고

앞마당에 송홧가루가 쌓이면 쌓일수록
소리 없이 나무들
더욱 노랗게 피어나고 있다

고향집

정류장에 막 내려주고 간 버스의 뿌연 연기를 뒤로한 채 언덕 아래 강물이 철썩이는 나루터로 어린 아들 아버지 손에 매달려 기우뚱거리며 내려간다 시퍼런 강물은 언제나 넘실거려 강을 건너려는 사람들을 두렵게 하고 풀들이 올라온 양지바른 사공 집 맞은편에서 자리를 잡고 앉아 양손으로 나팔 모양을 하고 저 건너 뱃사공에게 목이 터져라 불러대는 아버지를 보고 나도 따라 부른다

배 건너 줘 유

애절한 소리가 허공을 가르니 이쪽저쪽에서 물고기들이 깜짝 놀라 튀어 오른다 목이 아프도록 한참을 외쳐대다 작은 쪽문을 열고 고개를 빠끔히 내민다

기다려 유

배는 우리가 있는 방향에서 한참을 위로 올라가더니 이쪽으로 오는 데 한나절이다 기우뚱거리는 배에 급히 올라타니

나무판자로 가로지른 의자에는 못들이 여기저기 튀어나와 모퉁이에 앉은 바닥에는 나무 틈새로 물이 솟아 올라오고

  햇살에 눈부신 시퍼런 강물은 빠른 물살로 소용돌이치며 금세 집어삼킬 듯 출렁거리고 노를 저을 때마다 기우뚱거려 물살이 튀어 오르고 넘어질까 겁을 먹은 난 나무판자를 꽉 잡고 발에 물이 차올라 들고 있으니 아버지는 바가지로 쉬지 않고 강 쪽으로 연실 물을 퍼낸다 이마에 땀방울이 흐르고 있다

  긴 노는 고정된 고리가 오래되고 닳아서 노를 저을 때마다 삐거덕거리는 소리가 고막을 아프게 한다 깡마르고 주름 팬 새까만 얼굴과 굽어진 허리를 한 뱃사공 아저씨 숨소리 점점 거칠어지더니 노래를 한다

  어여 어여 어이여 내 고향 충청도 금강은
  나의 터전 어여 어여
  금강은 나의 고향 어여 어여

새벽 다섯 시

몸에 저장된 새벽 다섯 시
오뚝이처럼 일터로 간다
경비원 해병대 아저씨 다리를 잃어
의족으로 선 채 안전을 외치는 경례로
새벽이 부서진다

아직도 빠져나가지 못한 시큼한 땀 냄새
컨테이너 사무실 못에 걸린 축 처진 작업복과
안전모가 입 벌리며 기다리고
밖에 있는 사각 진 콘크리트 속은 먼지가
날린 지 벌써 한나절이다

어제 비가 너무 많이 와 사글셋방 지붕에
물이 새어 밤새도록 걸레로 훔쳐내고
찌그러진 그릇과 양동이로 물이 고여 비우고 나왔는데
걱정이 되는 류 씨
안전모 속에선 식은땀이 흐르고
모래와 시멘트를 비비는 서 씨 아줌마 까닭 없이 혼나고

벽을 바르는 시멘트가 붙지 않아 자꾸만 흘러내린다

해질녘이 되자 류 씨 굳은살 배인 손과 발을 씻고
새 옷을 갈아입은 서 씨 아줌마 불러 세워
툭 치며 술 한 잔 먹자고 한다
다시 몰려오는 시커먼 먹구름을 가린
포장마차 속 소주잔을 부딪친 두 사람

매듭이 굵어진 다섯 손가락은 삐뚤어지고
갈라진 손톱 속에 까만 때가 무거운 흔적으로 보였다
말라붙었던 입속의 침들이 서로 튀어나가고
계속되는 술잔에 빗물이 보이지 않는 새벽 다섯 시

늦깎이 학생

두 시간을 가야 하는 전철 속에 앉아 책을 꺼냈다
몇 줄을 넘기지 못하고 무거운 머리는 바닥으로 툭
깜짝 놀란 뻘건 토끼 눈 다시 밀려오는 눈꺼풀
흔들리는 바퀴 소리는 염불 중
어느덧 공릉역이다

가방에 담은 머릿속 책들은 사막에 신기루가 되어
좁은 보도블록 모랫길을 걷는다
길옆엔 꽁꽁 얼어붙은 연초록 두꺼운
깊은 연못 차가움만 눈에 번져 시리고

그곳을 되비치는 목석같은 가로등
쏟아지는 스산한 별빛은 바짓가랑이 속으로
바람이 들어와 온몸에 소름이 돋아 오르고
쪼그라진 불알을 흔들며 간다

창문 사이로 스며드는 달과 빛이 귀를 세우고
의자에 허리를 붙인 채

시커먼 칠판의 글씨들을 두꺼운 렌즈를 통해
뚫어지게 바라보는 어깨 굽은 늦깎이 학생은
종착역을 향한 빨개진 두 눈만 껌뻑거리고

교실

작고 네모진 공간 속에 갇혀 있는 책들과 함께 기억을 뜯어 낸다 그 속엔 꽃이 피고 그 속엔 비가 내리고 그 속엔 열매가 맺히고

움츠리고 있던 새들도 포근한 잠을 털고
총총히 빛나는 밤하늘에 별들이 생기니
새로운 보금자리로 날아간다

살그머니 다가온 바람들이 창문 사이로
어른대는 달과 빛이 귀를 잔뜩 세우고
힘들고 고통스런 여정을 듣는다

낮에는 치열한 생존의 싸움으로 지친 몸
공릉역을 향한 전철 속에서 연실 꾸벅이는
목은 지탱하지 못하고

덜컹대며 철길 위를 달리는 시커먼 교실은
어둠을 헤치고 외로운 모랫길 희미한 가로등

그림자 밟으며 불빛을 향한 무거운 가슴에 돌담을 쌓는다
그건 나 혼자 해야 할 배움의 창이었다

노을빛

밤새도록 초저녁까지 굵은 장대비가 내린 곳에
산 너머 노을은
앞마당으로 밀려와 창문을 연 방을 말리고

울창한 나무와 풀잎은 아직도 빗방울들이
반짝이고 더러는 굴러떨어져 물을 잔뜩 머금은 숲
멀리서 들려오는 뻐꾸기 소리가 장맛비 그친 것을 알리고
있다

주변을 할퀴고 지나가는 계곡의 물소리
흙탕물 일으키며 아우성거리는 몸부림은 피투성이다

벼랑 끝 수렁으로 아픈 기억을 사정없이
밀고 가는 노을은 되돌릴 수 없는
그녀의 빛이 닿는 곳

사지를 버둥거리는 어린 아기처럼
붉은빛으로 고통스런 그리움에 지쳐

숨이 멎을 것 같은 울음을 한 줄기 빛이 꾹꾹 밟고 있다

잠시면 어두움으로 없어질 마지막 빛 속에
여전히 꿈틀거리는 당신을 향한 내 마음
방 안을 가득 채운 붉은 자국이 곳곳에
스며들어 차갑기만 하다

뼈 소리

찬 별빛이 총총히 내려와
겨울을 재촉하는 밤

가을 기운이 지나가는 길목 의자에 앉아 있다
온몸의 뼈마디가 멈추고 있는 무기력한
나에게 달빛은 욱신거리는 내 관절로 쏟아져 내리고

길 건너 숲속에 숨어서 울고 있는
고달픈 풀벌레 소리가 그치질 않고
나뭇잎은 어느새 황토색으로 물들어
일부는 떨어져 땅바닥에 뒹굴고 있다

바짓가랑이 속으로 올라오는 바람은
쪼그라진 불알로 돌아오는 소름을 참으며
새벽마다 한 번도 빠지지 않고
회사로 걸어갔던 익숙한 한기였다

으슬으슬 떨려오는 몸을 누르고 의자에서 일어나

불 꺼진 창문을 보며
아무 말 없이 서 있는 시커먼 아파트
그림자를 등에 지고 집으로 들어간다

조바심

혼자 앉아 있는 텅 빈 거실
쓸쓸하고 허전하여 가끔 일어나
앞마당에 줄지어 서 있는
화려한 단풍나무들을 봅니다

저마다 개성을 가진 물감으로
단장을 한 채
햇빛 사이로 눈부시게
나와 함께 서서히 물들고

사랑의 고백이 문틈으로
들어오는 햇살을 손으로 떠
몇 번이고 얼굴을 적시며
그 온기로 당신에게 바짝 다가섭니다

하늘도 하얀 물감이 금방이라도
뚝뚝 떨어질 듯
사랑의 눈물로 가득 고여 있고

단풍잎 빨갛게 물들기 전에
바람 불어 외로운 날 비라도 내린다면
당신으로 젖어 있는 가슴 아픈 향기가 그리울까봐

오늘도 나는 햇살이 뿌려지는 창가에 서서
그 사람이 지나가는 발자국 소리에 귀를 기울이며
조바심 나는 가슴을 진정시켜 봅니다

봄

오랜 기침 소리에 머무르지 않는
두 개의 봉우리가 점점 부풀어 오르고

분연히 내리쬐는 햇살을 따라
아침 이슬 영롱하게 견뎌왔던
추운 겨울을 털어내고 있다

잔뜩 움츠린 땅속에
긴 시간 생명수 스며들어
움츠렸던 뼈가 봄을 부르고 있다

따뜻한 흙바람이 불어오니
양수가 터지고
탯줄에 매달린 어린잎은
햇빛을 보고 놀란다

흥분된 봄은 거센 흙바람을 싣고
고운 햇살 가득 담은 젖을 주니

나뭇가지에 생기가 돋아
파릇한 망울들이 얼굴을 내민다

칭얼대며 보채던 아이가
아직도 잔기침을 하고 있는 엄마 젖을
멈추지 않고 빨고 있다

무거운 눈꺼풀

숨 막히는 전철 속에서 옴짝달싹 못하고
다리 너머로 불어오는 강바람에 물결이 일렁이는
마음 무거운 겨울날

요란한 철로의 소리가 찬바람을 가르며 시작되는
하루를 알리고
넥타이가 반복되는 목을 휘감고 간다

가장이란 멍에를 홀로 삼십 년
집과 회사를 메고 사는 동안
손과 발은 굳은살이 생기고
가슴앓이 벙어리가 되어 이마에는
깊은 주름이 패고
머리카락은 어느새 희끗한 것이 생기고
돋보기만 무겁게 두꺼워졌다

그러던 어느 날 회사에서
구조조정이라는 칼바람이 불어

오랫동안 익숙한 문을 말없이 열고 나왔다

싸늘한 아내의 눈총은 아이들까지 번져갔고
깊은 장롱 속에 숨어 있던 것들이 하나씩 없어지니
안방에 큰 소리가 자주 울렸다

동료도 친구도 이젠 휴대폰을 받지 않고
돌멩이로 뒤덮인 황무지 세상에 나 홀로 서 있다
매일 바쁘게 오갔던 다리에 서서
차가운 얼음이 되어 강물의 세찬 물살을 버티는 소리가
내 가슴을 후벼 파고

강 건너 높게 솟아오른 검은 빌딩들을 본다
간간히 켜져 있는 불빛을 애타게 바라보다가
차갑게 몰아치는 강바람이 바지 속으로 들어와
온몸에 살결이 돋아 오른다

시커먼 아스팔트길에 달빛은 부서져 내리는데

가느다란 빛 하나 붙잡을 수 없고
너무 멀리 가 있는 별들은 외로워 흐느끼고
실핏줄이 금세라도 터질 것 같은 두 눈만 껌뻑거린다

어둠을 비추는 시커먼 차들이
강바람을 가르며 쏜살같이 제 집으로 가는데
거리를 방황하며 엉켜버린 나는 차가운 강바람이
눈알을 스치니 무거워진 눈꺼풀 속에 물만 고였다

제2부

수술 전

 병원에 가면 다시는 못 올 것처럼 나는 물고기에게 밥도 듬뿍 주고 강아지도 예전보다 더 애틋하게 쓰다듬어준다

 무거운 발걸음으로 병원에 도착하면 소독 냄새가 제일 먼저 역겹다 수속을 밟고 병실에 들어오면 서로가 비슷한 종류의 암으로 들어왔음에도 불구하고 자기의 병과 견주어보려고 서로 병세를 물어본다

 그중에 수술을 할 수 없는 환자들이 나를 부러운 눈으로 쳐다본다 그래 수술할 수 있음은 살 수 있다는 것이야 스스로 위안을 삼았지만 계속되는 수술은 너무도 두려웠고 공포스러웠다

 간호사와 젊은 의사가 나타나 내일 수술에 대하여 이야기를 하며 저녁부터 관장을 하란다 또다시 시작되는 고통이 내 머릿속에 필름처럼 돌아간다 무기력하게 눈물만 나왔다

투병기

가슴에 부풀어 오른 종기가 점점 커지고 있습니다

굳은 껍질 속에 보이지 않는
죽음의 그림자를 알고는 있었지만
나와는 상관없는 것인 줄만 알고
굳이 낯선 암을 쪼개려고 하지 않았습니다

그랬던 나를 어느 날
사각 진 도살장에 눕히고
백정의 옷을 입고 부엉이 눈으로 다가와
창자를 내보인 나의 고깃덩어리를
칼과 가위로 물고 찢고 흔들며
잘라내고 덮었습니다

심한 멀미를 하는 것 같은 구토
머리털을 벗기는 노란 약을 의사는
나의 의지와 관계없이
하얀 줄을 통해 계속 위로 집어넣고 있습니다

하늘이 열리고 하나님의 사자들이
내 머리 위를 오르락내리락하는 것이 보입니다

당신은 누군지를 확실하게 알게 해주었습니다
당신으로 인해
하늘에서 내려온 주님 외에는
하늘에 올라간 자가 없듯이
나도 당신 따라 하늘로 가기를
원하고 있었습니다

고통에서 벗어나면 곧 천국이라는 생각이 잘못된 걸까요?

이별

산등성이 양지바른 텃밭에 잡풀만 무성한데
햇빛 환하게 비추고 있습니다

오랫동안 캄캄한 흙 속에서 두려움에 떨며
길고 고통스런 병으로 만신창이가 되어
귀먹고 눈먼 주인 없는 저 밭을 외면하고 버릴까봐
잡풀을 뽑고 또 뽑았습니다

꿈속에서라도 당신과 헤어진다고 생각하면 할수록
앞이 캄캄하여 가슴이 미어집니다

아직은 당신이 내 안에 깊이 뿌리를 박고
늘 새로운 꽃을 피워주고 있지만
이제는 잡초도 올라오지 못하는
춥고 어두운 흙 속이 싫습니다

언젠가는 떠나가야 하는데
이렇게 당신과 이별할 수 없고

잠시라도 당신에게 꽃이 피고 향기를 피우는
내가 되고 싶습니다
그래서 나는 더욱 어떻게 해야 되는지를 몰라
눈물만 흐릅니다

유리 박물관

입구에서부터 나를 억누르고 있다

또 다른 문을 열고 들어서니
좁고 작은 뜨거운 화롯불에 가죽장갑을 끼고 한창 수술 중이다

긴 호스와 집게가 일사분란하게 나무판에 널려 있고
정해진 순서에 따라 한 땀 한 땀으로 만들어진
형체가 공기와 물속을 들락거리면서 새롭게 태어나고 있다

유리 속 미로로 들어가
내 모습을 찾아보려고 헤매었지만
돌아오는 것은 찌그러진 얼굴뿐

동화 같은 올망졸망 유리로 만든 과거와 현재
그리고 미래의 삶을 표현한 작품을 본다
죽음을 몇 번씩이나 들락거리며 살아온 찌그러진
내 모습도 동화 같은 유리 박물관이었다

산길

매일 아침 이 시간이면 넷이서 산길을 걸었는데
지금은 아무도 없다
그렇게 살아보겠다고 같이 걷던 세 명이 이제는 없다

양옆에 핀 꽃들은 나를 보고 손가락질을 하고
나비 한 마리가 자꾸만 내 앞을 왔다 갔다 하며
길을 가로막는다
새들은 큰 소리로 울면서 왜 너만 살아서
이렇게 혼자 걷느냐고 한다

나는 울먹이며 말을 했다
나도 언젠가는 저곳으로 갈 건데
그들은 말기 않고
그들이 조금 앞서 간 것이니
너무 그렇게 조급하게 나무라지 말라고 말이다

봄날

수없이 할퀴고 간 차가운 겨울은
하얀 침대에 누워 수술실을 오가며
퍼져 있는 암을 떼어내고

여러 개의 링거를 팔에 꽂은 채
고통으로 움츠려진 나
창문 틈으로 들어오는 바람 소리가
깊은 상처를 오랫동안 훑고 지나갔다

따뜻해진 날 기력을 찾아 창밖을 본다
앙상한 나뭇가지에도 봄은 찾아와
내 마음 뒤흔들고

양지바른 낮은 담장 아래
새싹 위에 핀 꽃들에게도 나비들은 분주하게 찾아오건만

상처로 구겨진 나는
세미한 바람결에도 두려워 떨고 있었다

멈추지 않는 봄바람은 아랑곳하지 않고
꽃을 더욱 활짝 피웠고
부서지는 햇살은 따스하고 아름답기만 한데

어찌 이렇듯 궁상스럽게도
내 마음은 침울함이 깊어가는지

수술 날

새벽까지 설친 잠을 깨우며
물 한 방울도 먹지 않았는지 확인을 하고
간호사가 쌩하니 나간다

갑자기 우리 부부는 바빠진다
나는 모든 것을 체념한 듯 시키는 대로 하고
아내는 애처롭게 바라만 보고 있다

젊은 남자가 와서는
자기가 가져온 길고 좁은 침대로 누우라고 하더니
수술실로 데려간다

자동문이 열리고
숨조차 쉬기 힘든 하얀 방에는
눈만 내놓고 하얀 옷을 입은 사람들이
썩은 고기 한 마리 잡으려고 기다리고 있다

천장에는 부엉이 눈으로 죽어가는 몸에 고정을 시키고

더덕더덕 파리 떼를 온몸에다 붙인다

조금 있으니 알 수 없는 기계 소리가 적막을 깨고
낯익은 얼굴이 자꾸 내 이름을 부르는데
갑자기 필름이 멈추고
그래 어차피 언젠가는 다들 죽는데 뭘

초승달

같은 방에 있던 환우가
밤새도록 병마와 싸우다가 영영 떠난 자리에도
새벽은 오고 있었다

창문을 여니 아직은 차갑고 어두운 밤
밖에는 조금 전 시끄러웠던 사람과 차는 보이지 않고
물안개만 잔뜩 공중을 뒤덮고 있다

자꾸만 그의 얼굴이 떠올라 답답한 가슴에
하늘만 쳐다보며 길게 숨을 내쉰다

시간이 지날수록 점점 붉은 피로 물들어
보이지 않는 초승달은 휘어진 허리를 부여잡고
소리 없이 어깨만 들썩이고

아무런 말도 없이 고요 위에
사라지는 별들
또 하나의 적막이 그 위를 지나고 있다

동반자들

내 몸을 쓰다듬으며 이야기를 했다
너는 내가 이렇게라도 살아있어야
같이 살 수 있거든

그리고
없어진 머리를 손으로 매만지며
그래 너는 이제 나의 가장 소중한 친구이고
인생의 동반자가 한 사람 더 생긴 거야

그렇지
내가 아프면 너만 아픈 것이 아니라
또 한 사람도 아프니까 우리 아프지 말자고

그러자
한 여인은 우리에게 다가와 오늘 하루도 부어오른 손으로
쉬지 않고 쓰다듬고 있었다

수술 후

눈을 떠보니 아직은 몽롱하여 지옥만 보였다 그때 옆에서 누군가 내 이름을 부르며 조금 더 있다가 병실로 갈 것이라고 한다

조금씩 통증이 밀려오니 아 내가 살았구나 하면서도 입은 마르고 몸은 움직이질 않았다

건장한 남자가 오더니 내 이름을 부르고 나를 데리고 병실로 가는 바퀴 소리는 승전가를 부르고 간다

아내와 가족들은 개선장군이 된 나를 반겼다 고약한 남자가 아파 죽겠는 나를 시트째 번쩍 들어 병실 침대로 옮긴다

간호사가 오더니 애썼다며 하얗고 노란 링거 주머니를 달고는 한참 설교를 한다

아내는 타는 입을 물수건으로 연실 닦아주며 간호사가 시키는 대로 호스를 입에 물고 들이마셨다가 내뱉으라고 계속

잔소리를 하고

 침대 머리 위에 매달린 눈물주머니가 여러 갈래의 긴 호스를 타고 내 핏줄을 통해 들어오고 소리 없이 떨어지는 눈물을 향해 아무 말도 못한 채 흐느끼며 이젠 그만 멈추어 달라고 했다

앙상한 상처

뜰에 서 있는 한 그루 나무
노을빛에 붉게 물들어 저녁 바람 지날 때면
내 가슴에도 차가운 가을이 찾아와 바람은
찢겨 나간 나뭇잎을 뒹굴게 하고
나뭇가지에 불거진 자국마다 서로 부딪쳐
피를 흘리고 있습니다

별과 달이 해를 굴리며 밀어낸 가을바람
화려했던 자취가 접혀지고
어두운 죽음의 그림자가 소리 없이 다가와
몇 해를 무서운 병마와 함께 싸우며 보내고
그동안 마음속에 힘든 감정을 억제할 수가 없어서
눈물이 납니다

당신도 예전에 수술을 한 것으로 힘들고
아프면서도 내 옆을 끝까지 지키려고
당신의 고통을 잊어버린 채 눈물 훔치는 것을 보았습니다
더 이상은 아픈 모습을 보이기 싫어서 다투며

돌려보냈던 기억들이 밀려오고

밖에는 오랫동안 머물다 가기를 바라는 숲속의
풀벌레 울음소리가 그칠 줄 모릅니다
나보다 더 아파하는 당신 생각에 잠 못 들어
이불만 뒤척이고 오래된 창문으로 별빛은 부서져 내리고
조금씩 흔들리는 문틈으로 세찬 가을바람은
나의 앙상한 상처를 쥐어뜯고 있습니다

빛바랜 장독대

마당에는 눈이 나무와 장독대에 가득 쌓여 있다

나만의 세상을 꿈꾸며 화려했던 기억을 억누르고
밖으로 나가 당신 같은 눈사람을 만들고

깔깔 웃으며 사랑하는 당신에게 눈을 뭉쳐 던지고
같이 뛰면서 뒹굴고 싶다

앞마당에 소리 없이 지키고 있는 오래된 항아리들
한 여인이 오랫동안 열고 닫은 뚜껑에
고드름이 옹기종기 붙어 울고 있다

이렇게 눈이 많이 오는 날은 어김없이 이른 새벽과 늦은 밤
에 장독대 위에 물을 떠놓고
　두 손 모아 삼신할머니에게 건강하게 살게 해달라고
　빌고 또 빌었다

주변에 둘러 서 있는 앙상한 나뭇가지에 붙어 있는

눈얼음들 여섯 번의 창으로 찔린 채
고통스럽게 투병을 하다가 땅바닥에 떨어지고 있다

나는 앞 베란다에 쌓여 있는 눈을 두 손으로
한 움큼 움켜쥔 채
아직도 아물지 않은 깊은 곳 장독대를 향해 던졌다

떡갈나무

생전에 어두운 그림자가 나에게는 오지 않을 것으로 알고
거들먹거렸던 푸르던 잎들

길고도 추운 날 벌거벗은 떡갈나무가
갑작스레 창에 찔려 앙상한 뼈를 드러내고
소리도 없이 멍이 들어 누렇게 죽어가고 있습니다

땅바닥에 뒹굴고 있는 나뭇잎들도
당신이 온 날부터
여기저기 시커멓게 타버린 누룽지처럼
온몸이 부어올랐습니다

분노와 꿈이 터져버린 깊은 늪 속에서
발버둥을 치다가 끝내는 빠져버리고 말았습니다

모든 것이 미리 준비해놓은 것처럼
허기진 저승사자는 허겁지겁 배를 채우고

무기력하고 아무것도 할 수 없는 육체는 얼어 죽을까봐
자꾸 떨어지는 잎들을 덮고 있는데
덮으면 덮을수록 그 속은 점점 썩어가고 있었습니다

백년해로

높은 담벼락을 넘고 안방으로 스며드는 햇살은
예복을 입고 있는 사진 속으로 들어가고 있습니다

사랑한다는 말 한마디에 가슴이 두근거리고
얼굴이 빨개져 어쩔 줄을 모르는 건강한 사내였습니다

그런 내 생애를 소리 없이 꺾어갔던 여러 개의 종양으로
어두운 그림자의 죽음과 힘겹게 싸우고 있습니다

움푹 팬 눈과 깡마른 모습이 거울에 보이니
갑자기 울컥거리고 눈물이 나서 뒤돌아서고

아무도 보이지 않는 곳으로 숨고 싶어
골방으로 들어서니 걸려 있는 우승 상패가 나를 비웃고

어디를 가든지 내가 숨을 곳은 없었고
초대하지 않은 이방인은 내 몸 깊숙이
주리를 틀고 목을 죄어오니

백년해로를 약속했던 사진 속이
하얗게 빛이 바래어
시커멓게 터진 김밥처럼 흘러내린 창자를 다 내보이고
차디찬 침대 바닥을 뒹굴고 있습니다

슬픈 꽃

여름 내내
젖은 눈으로 당신 곁을 지키다가 시들어가는
늦가을 갈대처럼
주검이 점점 다가오는 것이 보이니
시커멓게 타버린 내 가슴만 쥐어뜯는다

바람에 휘청거리는 슬픈 갈대꽃들은 햇살이
모기 떼처럼 더덕더덕 붙어 아우성거리고
병든 잎과 갈대가 저승사자에게 찔려 빨갛게
부풀어 올라오고 있다

아직도 가느다란 생명이 드나들고 있는 꽃잎은
죽어가는 모습을 아무도 눈치채지 못하게
바람에 하얗게 떨어지는 홀씨들이
그곳을 자꾸만 덮어갔다

제3부

사랑 1

아무에게도 말할 수 없는 고통의 중심에 있을 때면
내장에 있는 모든 찌꺼기까지 토하며 울고 싶습니다

숨이 막혀 죽을 것 같아
어떻게 울어야 할지 몰라 움츠리며 떨고 있으면
당신은 어느새 내 곁으로 다가와
내 얼굴을 당신 가슴에 묻고
얼마 남지 않은 머리를 매만지며 흐느꼈습니다

그제야 울음이 터졌고
시커먼 내장을 보이며 하나씩 꺼내어
하얀 눈물과 함께 모두 토하고 나니
당신을 향해 큰 숨을 들이시며 부활을 하고 있습니다

사랑 2

나는 가끔 엉뚱한 생각 속에 빠져들 때가 있다
세상을 아름답게 살려면 꽃처럼 살면 되고
아무런 걱정 없이 편안하게 살려면
바람처럼 살면 되겠다 하고 말이다

꽃은 자신을 자랑하지도
남을 미워하지도 않고 다투지도 않으며
언제나 고운 햇살과 비만 있으면
자신만의 색깔과 향기로
행복과 즐거움을 준다

바람은 그물에도 걸리지 않고
험하고 높은 산도
아무 생각 없이 쉽게 오르며
새싹들을 틔우지만

때론 거센 태풍의 눈이 되어
죄와 악을 행하는 자들을

떨게 하며 휩쓸어 가기도 한다

추운 겨울 오랫동안 땅속에서
기다리고 있는 또 다른 새로운 세상도
따뜻한 흙바람이 불면
파르르 싹을 틔우며 올라와
아름다운 주님의 사랑으로 꽃피우고 싶다

사랑 3

당신을 생각만 해도 두근거리며
숨이 차서 몰아 내쉬는 가슴속
핏줄이 금세라도 터질 것만 같다

보고 싶어도 만나지 못하는 고통
한동안 절망처럼 부어오른 종양이 자라나
내 안의 나를 흔들어
가슴 아픈 촛불을 태우고 있다

어쩌다 만나면 뼛속까지 타오르는
뜨거운 사랑을 쏟아내기 위해
그림자까지 떨어지지 않았고

총총한 별이 빛나고 은하수 쏟아지는
하얀 밤에 달과 함께 사랑의 동산까지
나란히 걸어줄 당신이 있어서 외롭지 않았다

힘들고 어려운 길을 만나면

언제나 내 곁에서 토닥거려주고
눈물을 흘리는 당신이 있었기에 오늘도 기다리며

똑같은 마음으로 또 다른 사람에게도
주님의 사랑을 마음껏 주련다

전철 속

출근시간에 지하철을 타려고
계단을 가는데 나만 점점 뒤처집니다
주변을 보니 모두가 정신없이
죽는지도 모른 채
내 앞질러 승강장으로 뛰어갑니다

저들이 바로 엊그제 나의 모습이었는데
갑자기 서글퍼 금세 울 듯한 얼굴이 되었습니다
아직도 아물지 않은 상처를 달래가며
앙상해진 두 주먹을 꼭 쥐고 서 있는 나

커다랗고 시커먼 전철은
무서운 굉음 소리를 내며 달려와 나를 태우고 갑니다
콩나물처럼 서 있는 틈새 속에서
옴짝달싹 못한 채 썩은 세균들을 토하며
출발과 정지 시 비명 소리가 여기저기서 들립니다

모두가 뜨거운 철판 속 지옥의 울타리에서

낮과 밤도 없이 되풀이되는 욕망을 채우려고
그 속에 갇힌 서러운 육체는 돌아볼 틈도 없이
모두가 똑같이 서서히 죽어가고 있었습니다

동행자

몇 번을 항암으로 죽음을 경험한 저승을 보듬은 채
하얀 침대에 누우니 못에 걸려 있는 달력이 보입니다
새해가 바뀌어도 못을 박아놓은 달력에
계속되는 수술 날짜
붉은 가시관을 쓰고 피를 흘리고 있습니다

실낱같은 줄에 매달려 힘겹게 숨을 몰아쉬는 나는
소리 없이 베개가 적시도록
아직은 꺼지지 않는 숨소리를 부탁해 봅니다

간절한 마음이 믿음으로 승화되니
고요 속에 평온이 오고 성령은 심장으로
끊임없이 들어오고 있습니다
조금씩 몸이 따뜻해지며 무거웠던 눈꺼풀이
떠지고 손과 발이 움직입니다

누구에게도 외롭고 힘들어하는 고통을 말 못하고
애타게 내 곁에서 눈물로 자리를 지키고 있는

또 한 사람 당신은
창문을 뚫고 들어오는 햇살과 함께 온
아름다운 꽃이었습니다

괴로움에 울고 있는 나에게 당신들을
만난 것은 커다란 축복이요 희망이었습니다
그랬던 나는 당신들을 잊으며 내 마음대로
생각하고 판단하다가 죽음을 오고 갔고
주변에 사랑하는 가족들과 이웃에게
많은 기도의 빚을 지고 있습니다

보잘것없는 죄인을 인내와 자비로 살려주시며
끝까지 나의 하나님 여호와께서
동행을 해주시는 은혜가 너무 벅차
가슴으로부터 나오는 것은
눈물 그리고 눈물뿐입니다

구들장

처음으로 사랑을 나누어보고
엄마 같은 냄새를 맡아보았다
식구들로 애벌레가 되어 꿈틀거리다가
가시에 찔려 상처가 나고 거북 등처럼 터졌어도
내 가슴엔 끈적끈적한 당신이 늘 붙어 있었다

부모님은 한 분씩 세상을 떠나가고 두 아들마저
새로운 보금자리로 떠나갔다
오랫동안 묶었던 고단한 족쇄를 끊고
둘만의 첫 발자국을 오롯이 내딛는 순간

마지막 살점까지 가져가려는 검버섯이
소리 없이 내 몸속에 자리를 잡고 목을 죄어
여섯 번이나 죽음을 오가며
차가운 침대에 누워야 했다

당신 곁을 지키고 있던 힘겨운 나무 한 그루가
밑동이 잘려진 채 나이테만 보이고

태양에 검게 그을린 구들장 같은 당신
아무 말도 못하고 뒤집혀진 가슴을 움켜쥐고만 있다

산

산은 아무에게도 말하지 않았다

나무뿌리들은 땅속을 파고
하늘을 향해 푸른 잎과 꽃을 피워
자기만의 냄새를 게워내며
스스로 종족을 확장하고
어두운 밤이 오면 차가운 이슬을 먹으며
산은 입술을 꼭 다물고 있었다

입 다문 산을 밟고 걷는데 채찍을 든 바람은
뒹구는 낙엽을 계속 내리치고
아프다고 소리를 치며 도망치는 내 모습은
항암으로 뼈만 앙상하게 보였다

산은 꺾어진 내 몸을 움켜잡고 물안개에 가려져
희미한 햇살만 껌뻑거리고
목적도 없이 바람이 부는 대로 공기와 햇빛은
자기만의 꽃을 피우려고

제멋대로 내 몸을 향해 들락거려도
아무런 저항도 못했다

부활 1

오랜만에 산등성이를 힘겹게 오르는데
길옆 모퉁이에 커다란 고목이
낙엽에 쌓인 채 누워 있습니다
푸드덕거리는 낙엽 소리에 놀라 들썩이는 틈새로
흐느끼는 소리 들려 발걸음을 멈추고

가만히 다가가 낙엽들을 들추어 봅니다
겨우내 숨죽이며 온몸을 웅크리고 있던
그곳에 빛의 온기가 닿자
미세한 부활의 소리가 들렸습니다

구부린 몸으로 햇빛을 가린 검은 그림자가
생기자 나는 깜짝 놀라 옆으로 비켜서고
아무도 거들어 보지 않았던
갈라터진 나무껍질들을 벗겨내니
곰팡이가 생겨 썩어가고 있었습니다

갑자기 떨어지는 감사의 눈물에 놀란

애벌레가 낙엽 속으로 다시 들어가고
죽었던 바닥에는 파란 싹이 꿈틀거리고
곰팡이가 낀 나무 밑에는
애벌레가 꾸물거리고 있습니다

부활 2

오랜 시간
어둠 속에서 마디마디가 끊어지는 아픔으로
속 저린 눈물이 되어 숨이 막혔습니다

어느 때는 너무 아프고 죽을 것 같아
어둠의 껍질을 깨고
발버둥 치며 애타게 당신을 불러보건만
아무런 대답이 없어서 베어질 듯한 아픔으로
혼자 흐느끼며 울기만 했습니다

모든 것이 주검으로 멈출 것만 같았던
슬픔이 주님을 향한 터질 듯한
그리움의 기도로 매달리니
예수님은 바람처럼 내게로 다가와
은밀히 부활의 손을 내밀고
침대에 누워 있던 저를 일으켜
여기까지 오게 하셨습니다

내리쬐는 햇빛은 내 뒤통수 정수리를
뜨겁게 덥히고 있습니다

부활 3

어둠이 깊었던 만큼 추운 겨울
앙상한 나무는 속으로 웃고 있다
빈 가지에 새들이 발톱 자국을 내고
먹구름이 나무 위로 지나갈 때
그는 마음속으로 또 한 번 웃었다

계절이 바뀌고
따뜻한 햇살 머금은 흙바람이 불자
우주만물을 만들고
다스리는 분이 누군지를 알고 있던 나무는
성령의 봄비에 젖어
나뭇가지에는 푸른 잎이 나오고

새들은 날아와
상처 난 쓰라린 곳을 모두 쪼아 먹고
부활의 꽃이 피어 하늘을 향해
활짝 웃고 있다

부활 4

교만과 오만으로
몸에 뚫렸던 상처마다 검푸른 버섯이 피어나고
서서히 썩어가는 고통으로
침대에서 뒹굴고 있는 나에게

하늘은 요란한 소리로
유리창을 치고 땅바닥을 치며 같이 울고
무서운 광속으로 몸을 뚫어
시커먼 죄를 태워 없애고 있습니다

울부짖음이 지나가자 썩은 냄새 굴러가던 자취가 접혀지고
붉은 십자가 영혼의 몸무게가 피로 이륙되는 순간

죽은 죄인들이 부활하여 영생을 얻고 있습니다
나 이제 주님의 품속에서 편하게 잠자리에
누울 수 있을 것 같습니다

거울 속

거울 속에 비친 내 모습에서
눈물을 머금었던 그늘진 주름이 보입니다

생면부지의 낯을 대하듯
슬픔에 빠져 허우적거리는 저 속엔
죽음의 그림자가 드리워져 있고

거울 속에 감춰진 석양의 빨간 헛바닥은
온통 상처뿐인 가슴속을 핥아
푹 파인 자국만 남깁니다

그 속에서 나오는 것은 눈물 눈물뿐입니다
양심을 헤집고 다녔던 번뇌와 파동들
목을 죄어오는 날카로운 조각들로 갈피를 못 잡고

커다란 파도에 맞아 떠도는 난파선이 되어
부어버린 두 발은 어쩔 줄 몰라
무릎 꿇고 기도합니다

거울 속에 더 이상 머물지 않고

견딜 수 없는 두려움으로 눈물짓지 않게 하소서

기쁜 소식

하루의 일상은 언제나 똑같습니다
아침은 부활을 느끼고
저녁은 죽는 연습을 하고 있습니다

때론 사망의 줄이 나를 얽매고
스올(Sheol)의 고통으로 슬픔을 만났을 때
에덴동산에 있는 무화과 열매를 바라봅니다

그녀가 따온 선악과를 먹으면
정녕 죽는다는 것을 알고 있지만
당신을 너무도 사랑했기에

영원히 빠져나올 수 없는 그곳에서
님을 향한 간절한 기도로 울고 또 울었습니다

어리석은 내 생각과 판단을 용서하시고
매 순간 죽는 연습만 하게 해달라고
두 손 들고 외쳤습니다

회개는 당신을 움직여

선악과로 매일 죽는 것보단

아버지와 아들 관계로 맺어진

부활의 아침을 선물로 주셨습니다

이 기쁜 소식을 죽는 그날까지

당신의 선물을 나누며 살아갈 겁니다

당신은

당신은 도적같이 들어와 시궁창 냄새를 풍겼지요
한 줌도 안 되는 당신이 머무는 곳은 어떤 곳이며
그곳에는 무슨 이유로 왔으며 어디서부터 오고
왜 그곳에 자리를 잡고 있어야 하는지 물어보아도 대답이 없어

칼과 불로 죽여도 오뚝이처럼 살아나는 거머리는
자꾸만 늘어가고
들숨과 날숨 사이에서 서서히 살을 파고들어
뼈를 녹이며 숨을 조이고 있네요

창문 밖 가을은 수많은 죽음을 품어
삶과 섞어놓으려고 아름다워지고
풍요해진 산처럼 물감을 어디부터 어떻게
칠해야 할지를 묻지 않았습니다

산속에 그려진 움켜진 십자가 눈물로
몸을 녹이는 동안 공기와 빛이 들어와

죽음을 끝내 손에서 놓지 않았던 나에게 도적같이 다가와
주님의 냄새를 풍기고 있습니다

구속

나를 구속하는 암이 올무가 되어
아무것도 할 수 없음에 너무 많이 힘이 듭니다
내 마음속에 분노가 들끓고 남의 탓만 하고 있습니다

그런 당신은 내 몸속에 허락도 없이
들어와 주리를 틀어 이토록 비틀거리게 만들고
자유롭게 즐기며 웃고 있나요

까맣던 머리카락은 반짝거리고
하얗게 변해버린 얼굴
잔뜩 멍이 든 핏줄은 튀어나오고

수술 때마다 내장을 다 내보이는
이 모습을 당신은 언제까지 가두어놓고
즐기며 보고만 있을 건지요

제4부

고통은 나의 힘 1

창밖에 거세진 바람 소리가
당신 목소리 같아
자꾸만 내 마음을 뒤흔든다
밤새 뒤척이는 겨울밤

이불 박차고 밖으로 나오니
바람은 가슴 후비는 앙칼진 소리로 이별을 전한다
얼어붙은 입술은
한마디 변명도 못한 채
공중에 입김만 무성하고

아주 작은 온기마저 모두 삼켜버린 가로등
희미한 불빛 따라 배웅했던 기억을
흔적조차 없애버리는 새벽

꺼지는 불빛과 함께
누군가 내 곁을 떠나갔다

고통은 나의 힘 2

심한 스트레스는 칼과 같아
온몸을 상처투성이로 만들고
나는 고통으로 발버둥을 칩니다

사소한 말에도 분노가 일어 억누르지 못하고
당신에게 소리를 지르며 화를 냅니다
견디기 힘든 무법자의 횡포와
반복되는 투병은 분노로 바뀌어
더욱 나를 조이고 있습니다

네 가지 암과 여섯 번의 수술
고통이 밀려와 증폭되는 우울증
너무도 커서 죽고 싶을 때면
언제나 다가와 따뜻한 가슴으로
꼭 껴안고 다독이며 눈물을 흘립니다

아무 말 없이 머리를 쓰다듬어주는 손은 떨렸고
어찌 할 바를 몰라 하는 당신

그토록 힘들어하는 나를
안타깝고 애타는 심정으로 지켜보는 마음
아마도 고통을 내 것으로 바꾸어보고 싶은 생각으로
울고 있었을 겁니다

내 비록 몸과 마음이 무너져
매미처럼 허물만 남게 될지라도
당신은 내게 하늘의 꿈을 키우게 했습니다
지친 영혼을 그대 눈망울로 적시고 나면
나는 언제나 새로워졌습니다

고통은 나의 힘 3

지난날 첫 만남에 세 시간을 마음 졸이며
포기하지 않고 당신을 기다린 것은
커다란 축복이었습니다

처음 본 순간 당신의 미모와 허스키한 목소리는
나의 심장을 멈추게 했으며
이 세상 모든 것을 다 가진 듯했습니다

그러나
암은 소리 없이 나에게 다가와
모든 것을 빼앗아 가려고
온몸을 칼과 독한 약으로 고통스럽게
죽여가고 있습니다

얼마 동안 사경을 헤매고 눈을 떠보니
애타게 내 곁에서 자리를 지키고 있는
당신이 보입니다

창문을 뚫고 들어오는 햇살은
당신과 함께 온 아름다운 꽃이었습니다
당신을 통해 사랑을 알게 되었고
살아가야 할 이유와 목적이 생겼습니다

사랑은 인생의 흐뭇한 꽃향기이자
의미와 가치를 부여하는 따뜻한 햇볕이 되었고
나의 믿음은
언제나 설레는 소녀처럼 두근거리며
새살이 소름같이 돋았습니다

당신과 살아가면서
기쁨과 감사로 사랑의 탑을 쌓고
행복한 생활의 요람을 만들기 위해선
무뎌진 흙 속에 거름을 뒤집어야 했습니다

고통은 나의 힘 4

당신은
나에게 많은 꿈을 꾸게 하는 동화 같았습니다

어떤 이는 꽃 같다고 말하고
어떤 이는 새 같다고 하지만

나에게는 언제 다가올지 모르는
재앙으로 시커먼 구름이 되어 쏟아지고
먹구름이 지나간 곳에 눈을 떠보니
곤히 자고 있는 당신 얼굴이 보입니다

머릿속은 어느새 하얗게 자리를 잡고
푹 파인 눈과 잔잔하게 생긴 이마의 주름살
뼈마디가 멈춰버린 몸
부어오른 다리를 나의 발에 얹고
가끔씩 몰아쉬는 숨소리가 애처로워
나는 자꾸 뒤척거립니다

그런 내 모습을 보고
당신은 가끔씩 눈시울을 적시고

살아온 날보다
남아 있는 세월이 길지 않음을 압니다
죽도록 사랑을 주고받기도 모자라는
아까운 시간임을 서로가 너무 잘 알고 있기에

오늘도
함께 꿈꿀 수 있기를 기도해 봅니다

고통은 나의 힘 5

꽃 속에 묻혀 살다 보니
거저 주는 햇빛의 고마움을 몰랐고
고통스런 바람도 알지 못했다

따스하기만 했던 빛 속에서 함께했던 우리는
가까운 사람들이 암으로 인해
아픔과 고통으로 떨고 있는
죽음의 그림자를 보았지만
내 것이 아니라 외면하고 살았는데

어느새 내 몸속에 허락도 없이 들어와
여러 곳에 똬리를 틀고 있다
나와는 관계없었던 바깥세상은
갑자기 장님이 되었고
온몸은 암으로 굳어져 죽어갔다

아직도 온기가 있는 꽃잎은
햇볕을 받아 실낱같은 향기를 발하고 있다

주변의 벌과 나비가 사랑을 흠뻑 담은
홀씨를 가지고 찾아와
온몸에 부비고 있으니
가슴이 울컥거려 눈물이 난다

고통은 나의 힘 6

당신의 화장보다 더 아름답게
해주는 웃음은 아무것도 없었습니다

꽃 속에 감추어진 하늘과 땅은
비와 바람을 보듬은 채
사랑의 향기처럼 후드득 피어나
단 하루도
내 머릿속에서 비워내질 못하는
여인이 되어버렸습니다

비 내리는 날은 천둥과 번개가
시샘을 하여 땅을 꾸짖고
당신의 화장이 번져 불안에 떨게 합니다

그러나 사랑의 마음을 열면
환한 당신의 웃음소리에
한 뼘의 폭풍도 없이 고요해지며
찬란하고 아름다운 맑은 무지개

하늘이 보였습니다

그 하늘이 당신이니까요

고통은 나의 힘 7

비 오는 날에는 쏟아지는 빗방울같이
아프고 슬픈 일이 너무 많아
눈물만 흘리면서 살아갈 것 같지만
딱 한 사람 나를 향해 웃고 다가오는
당신이 있어서 행복합니다

언제나 자유롭게 컵이나 주전자에
담기는 빗방울 같은 당신
비 온 후 창문을 넘어 밀고 오는
눈부신 햇살같이
끓고 있는 물방울같이
사랑으로 터질 듯한 모습입니다

무지갯빛 저 끝으로
붉은 태양이 천천히 사라질 때면
어둑어둑한 노을은 땅거미 바닥을 훑고
울긋불긋한 불을 피우며
또 다른 세상으로 바꾸고 있습니다

한 번도 가보지 않은 길을 얼마나 헤매고 달렸는지
모든 자취가 가시 되어 불도 몸도 지쳐 있는 밤
어둠의 자락이 더욱 짙게 스며드는
기억 속으로 찾아온 당신

온 세상 모든 사랑도
결국 오직 한 사람을 통해 찾아오듯이
당신이 있어서 난 행복합니다

고통은 나의 힘 8

앞만 보며 달려온 우리의 삶들이
환등기처럼 보입니다

모든 것이 부족하기만 하고
무엇 하나 만족스럽게 이룩한 것 없는

나를 믿어준 당신은

가시에 찔린 장미꽃처럼 붉은 피를 쏟으며
자기만의 문신을 더 깊이 내 가슴에 새기고
십자가 무덤 속으로 들어오고 있었습니다

그 모습을 보고 있던
가슴앓이가 재발되어
늦가을 한밤중 온몸으로 비를 맞고 있습니다

고통의 시간들은 벌써 저물어
황혼길 언덕까지 달려와 있습니다

좀 더 다가가지 못했던 아쉬움들은
장대비에 젖어 창문을 타고 눈물로 흘러내리고

종착역으로 가까워지는 세찬 비바람
소리에 점점 희미하게 빛이 꺼져가는
환등기를 바라보며
아무 말도 못한 채 서서
가슴만 쥐어뜯고 있습니다

고통은 나의 힘 9

혼자 있어 외로운 시간을
잊지 못하고

언제부터인가 당신 가슴에
희미한 그리움이 싹트고 있습니다

내가 당신에게로 가서
안개꽃 피우는 사람이었으면 좋겠습니다

가끔은 내 생각으로 미소 지으며
행복해하는 당신이었으면 좋겠습니다

언제나 아쉬운 당신
몸과 마음이 내 곁으로 와준다면

그럼 나는 누군가를 향한 그리움으로
애타게 서성이며 기다림을 멈추겠습니다

고통은 나의 힘 10

변함없이 아끼고 사랑하는 당신은
언제라도 고민을 들어주는 나만의 빛입니다
힘들고 어려움도 함께 나누며 부족함을 채워가는
소중한 하루를 같이 시작할 수 있어서
고맙습니다

생각하기 싫은 것들은 미련 없이
흰 구름에 띄워 보내고
투명하게 쏟아지는 햇살 아래
서로를 보듬으며

격려와 용기로 떠오르는 태양처럼
가슴속을 데우고
수정처럼 맑은 계곡물을
내 가슴에 흘려 넣을 당신 생각에
오늘 하루도
내 마음은 행복으로 가득합니다

고통은 나의 힘 11

사랑하는 사람과 벗이 되어
동행할 수 있다면

가끔씩 기분 좋은 소식을 전하는 일에 들뜬 가슴으로
세상을 헤쳐 나가고
때때로 지치고 힘들다 해도
후회하지 않습니다

부와 명예를 쫓아다니다가
몸과 마음은 지쳐 깊은 병만 얻었습니다

세상 것들이
사랑보다 귀한 것이 아님을 몰랐던 나는
당신과 동행할 수 있게 해준 것에
너무 고맙습니다

하얀 솜사탕처럼 부드럽게
녹여주는 말 한마디에

죽어있던 마음을 불러내고
사랑의 꽃이 새롭게 피어납니다

오늘은
곱게 피어 있는 당신의 꽃 속으로 들어가
편안히 쉬고 싶습니다

고통은 나의 힘 12

무거운 이불 속 당신은
자주 뒤척이며 부어오른 두 발을 내게 얹습니다

오늘 하루도
숨 가쁘게 내쉬었던 숨결이 얼굴에 닿으니
내 가슴이 저미어 옵니다

온몸을 오랫동안 비비며 살아온 날들
평생을 나누어도 가득한 것은
하루도 변치 않고

당신은 나의 몸에 젖어
아름다운 꽃을 피웁니다

오랜 세월 조금씩 귀먹고 눈멀어도
지워지지 않는 것은

끝없이 드넓은 하늘처럼

고통의 흔적이 사랑으로 머물도록
당신이 언제나 비어 있었기 때문입니다

하늘에서 내리는 빗줄기를 헤아릴 수 없듯이
당신 사랑하는 마음도
헤아릴 수 없습니다

손녀 바보

벌써 일곱 살이 되었다
놀이터에서 고사리 같은 두 손으로 내 손을 잡고
뒤뚱거리며 걷다가 넘어지면 울던 애기가
텔레비전에 나오는 뽀로로가 재미없다며
겨울왕국 같은 것만 보려고 한다

같이 살다 보니 내 나이 먹는 것은
잊힌 지 오래되었다
손녀의 사랑스런 꽃향기에 취해
나만 행복한

시간조차 영원히 멈추기를 바라고
밖에 나가면 완전히 요조숙녀로 변신하고
집에만 오면 반말과 어리광으로 버릇없는 공주다

무엇을 해도 예쁘고 사랑스러워 행여 다칠까
넘어질까 조바심의 연속이다
우리가 변해 보자고 다짐을 하지만

어느새 제자리에 와 있는 행동은 멋쩍기만 하다

내 머릿속은 온통 손녀 생각으로 꽉 차서
다른 것들은 전혀 들어올 수가 없으니
난 행복한 손녀 바보다

비만 내리면

이불 뒤집어쓰고
꽁꽁 숨어버리고 싶다
그렇다고 당신은
내 곁에 있는 것도 아니고
쉽게 만날 수도 없는데

당신의 숨결과 따뜻함이
내 마음속에 묻어 있는
깊은 사랑으로
다시는 채워질 수 없음을 안다

하염없이 내리는 빗줄기가
당신 있는 곳까지 닿게 하여
내 진한 그리움을 전하고 싶다

해설

유한한 인간이 영원히 살 수 있는 법

이승하 시인·중앙대 교수

 '인간'이라는 말의 뜻이 재미있고 의미도 있다. 사람 人에 사이 間이 합쳐져 인간이란 낱말이 형성되었으므로 사람은 그저 사람 사이에서 살아가야 한다는 뜻으로 새길 수 있다. 영국의 소설가 다니엘 디포는 1719년에 『로빈슨 크루소』라는 소설을 발표하는데 무인도에서 자기 혼자 25년이나 살아가는 사람의 이야기다. 현실적으로는 불가능한 일이다. 이 소설을 모티브로 하여 미국 영화 〈캐스터 어웨이〉와 한국 영화 〈김씨 표류기〉 등이 만들어지는데 현실성은 거의 제로다. 인간은 배구공하고라도 말을 해야 살아갈 수 있다. 재소자가 교도소 안에서 큰 사고를 치면 다시 재판을 받고 형이 늘지만 가벼운 사고를 치면 '징벌방'이라는 독방에 일정 기간 가

뒤놓고 자성의 시간을 갖게 한다. 징벌방에 다녀온 사람은 이구동성으로 말한다고 한다. 좁은 감방에 십여 명이 아옹다옹 다투면서 살아가더라도 동료들과 어울려 말을 하면서 지내는 것이 좋지, 독방은 있을 곳이 못 된다고. 인간은 애당초 다른 사람과 어울려 살아갈 때만 '인간'일 수 있는 사회적 동물이기 때문이다.

'시'라는 한자어의 뜻도 생각해볼 필요가 있다. '시'라는 장르가 탄생하기 훨씬 전에 만들어진 글자이겠지만 중국인들은 시를 아주 거룩한 정신세계의 산물로 간주했던 것이 틀림없다. 말씀 言과 절 寺가 합쳐지면 詩가 된다. 고대사회 절의 모습은 잘 모르겠지만 교회라고 생각하면 되지 않을까. 모여서 기도하는 곳이다. 예배당, 성당, 도량, 사찰 같은 곳. 말을 잘 연결하면 시가 되는데, 그 시가 꿈꾸는 세계는 거룩하고 성스러운 어떤 장소가 되는 것이다. 즉, 언어로 성소를 만들면 그것이 시가 된다고 생각했기에 중국인들은 詩라는 글자를 고안해낸 것이 아닐까. 물론 예전에는 詩라고 단독으로 쓰지 않고 詩歌라고 쓰긴 했지만.

여기 한 인간이 있다. 그의 이름은 류근홍. 게다가 그는 시인이다. 이순(耳順)의 나이를 넘겨 2018년에 비로소 시인이 되었다. 그가 젊음을 바친 회사는 대우건설, 세상은 넓고 할 일은 많다고 외치는 사람이 사주인 바로 그 회사였다. 해외

근무수당이 국내 건설 현장보다 훨씬 높은 그때, 류근홍은 결혼을 한 상태에서 6년 세월을 리비아에서 보내게 된다. 모래폭풍이 시야를 가리는 중동의 건설 현장에는 술도 여자도 없었다. 현장에 대한 감리와 숨어서 하는 기도(리비아는 회교 국가다)가 있을 뿐이었다. 그리고 문학에 대한 식지 않는 갈망이 있었다.

  한국에 와서 회사의 중간관리자가 되어 생활은 좀 안정되었지만 못다 이룬 꿈을 이루기 위해 틈틈이 리포트를 쓰고 시를 썼다. 내 시간을 가지려면 내가 사주가 되는 수밖에 없었다. 25년 만에 대우건설 월급쟁이에 종지부 찍고 자신의 사업을 시작했다. (주)뿌리기업이 뿌리를 내리기까지 회생불능의 부도를 맞기도 했고, 아내의 유방암 진단과 수술, 아버지 사망, 어머니 사망, 큰아들의 난치병 발병 등 궂은일들을 연이어 겪으면서 잎사귀를 피워냈다. 그런데 그 나무가 과실을 맺으려는 찰나, 류근홍의 몸에 암이라는 무서운 병이 엄습한다. 신장암, 신우암, 폐암, 방광암이 연이어. 여섯 번의 수술. 선량한 한 시민이자 건실한 사업가 앞에 친척의 배신과 길고 복잡한 소송사건이라는 악재가 놓여 있었고, 이 악재가 어찌 보면 그에게 암을 가져다준 것일 수도 있었다.

  인간의 다른 말은 피조물이다. 또한 유한자이다. 때가 되면 이 세상을 떠난다. 그런데 예수 그리스도는 자신의 부활과 승천을 통해 우리들에게 약속하였다. 다른 곳에서의 삶을. 영원한 삶을. 이는 기독교인이라면 다 믿는 것이지만 어리석은 우리는 대개 그날그날 자기 욕망을 채우기에 급급하다. 돈을 벌어야 하고, 불안정한 미래에 대비해 그 돈을 불려야 한다. 오로지 그 목적을 위해 살다가 덜컥 죽음의 순간이 오면 그 돈을 쓰지 못하고 은행에 둔 채 이승을 하직한다. 하늘의 심판이 이루어질 때가 되어서야 그는 후회막급일 것이다. 아 그 돈, 보람 있는 데 좀 쓸 것을. 이웃도 좀 돕고 좀 좋은 데 쓸 것을.

(이 시집의 해설문을 쓰고 있는 이는 경북의 작은 도시에서 태어났는데 그 도시에는 수십 년을 끈 유명한 소송사건이 있었다. 아버지가 큰 재산을 물려주고 갔는데 형제간에 그 재산을 더 많이 차지하기 위한 소송이 1, 2년이 아니라 수십 년을 끌었다. 내가 장남이다, 내가 아버지를 모셨다, 내가 어머니를 모셨다, 내가 지금 가난하다, 너는 아버지의 편애 덕에 혜택을 많이 받았다, 나는 미움 받아 대학을 못 나왔다……. 어머니는 장남 편을 들고 다른 형제들이 똘똘 뭉쳤다. 부모와 자식이, 형제가 완전히 원수가 되어 처절하게 싸우면서 긴 세월을 보내는 동안 변호사는 수억대의 수입을 올렸다. 이것이 인간세상의 일이다.)

자, 이제 한 인간이 감당하기에는 너무나 많은 시련을 감내하며 오늘에 이른 류근홍 시인의 시세계를 살펴보도록 하자.

류 시인을 만나게 된 계기를 먼저 들려드릴까 한다. 중앙대학교 대학원에 들어가고 싶고 시를 좀 더 잘 쓰고 싶다고 하면서 찾아뵙고 싶다고 전화를 해왔다. 만나서 이야기를 들어보니 다행히도 서울과기대 문창과를 나왔다고 했다. 즉, 문학에 대한 기본적인 소양을 잘 닦은 상태였다. 원하는 것이 석사학위인지 시인인지 물어보았다. 자신은 석사나 박사 같은 학위를 받고 강단에 서고자 하는 사람이 아니라 오직 시를 잘 쓰고 싶다고 말하는 것이었다. 나는 중앙대학교 예술대학원 내에 문예창작전문가과정이라고 있고, 그곳에서는 실기 위주로 시 창작 지도를 집중적으로 하니 등단의 꿈을 이룰 수 있을 거라고 소개하고 가보라고 권유하였다. 그래서 류근홍은 2015년 봄 학기에 등록, 시 쓰기에 매진하게 되었다. 한평생의 꿈이 이루어질 찰나였다.

  그러나

  가을학기에 그는 등록을 하지 못했다. 암세포들이 총궐기하여 그의 손에서 펜을 빼앗아 가버렸던 것이다. 그에 대한 소식도 끊기고 말았다.

  그런데

  2018년 8월에 책이 한 권 날아왔다. 2018년 7월 10일 발행. 지은이 류근홍. 퍼낸곳 쿰란출판사. 책의 제목은 『너희 하나님 여호와께서』였다. 감동! 감동! 암과 싸운 투병의 기록뿐만 아니라 지나온 생의 족적을 꼼꼼히 새겨 한 권의 책을 묶어낸 것이었다. 신앙 간증집이기도 했지만 자서전이었고 회고록이었다. 하지만 이 책을 문학의 범주에 넣기는 어려웠다. 그의 꿈은 여전히 시인이 되는 것이었다.

계간 《미래시학》이 그를 품에 안았다. 시인이 될 꿈을 키우면서 쓴 시가 무려 300편, 시집 5권 분량이었다. 많은 시 중에서 60편을 골랐다. 시집의 첫 번째 시는 등단작 5편 중 하나인 「숨」이다.

> 더 이상 어떻게 멈출 것인지를 생각하지 말자
> 숨은 서 있거나 앉아 있어도 쉬고 있다
>
> 움푹 파인 눈과 다 빠져버린 머리카락으로
> 글썽이며 올려다보는 하늘은
> 불행한 신의 숨구멍
>
> 오랫동안 투병으로 모두가 내 곁에서 멀어졌다
> 응어리진 아픔을 뼛속에 집어넣고
> 오늘 하루만이라도 햇살을 불러 예의를 갖춘다
>
> 그동안 불어왔던 비바람은

영원의 먼 끝을 만지작거리고
그 끝에서 주검의 꽃을 피운다

숨을 쉬고 있는 숨
눕지 않고는 데려갈 수 없는 밤
오늘도 멈추지 않고 여지없이 오고 있다

―「숨」 전문

  우리는 숨을 단 몇 분만 못 쉬어도 죽지만 공기의 고마움을 모른다. 숨이 멎으면 다른 세상으로 곧장 가는 것이다. '숨'은 생명체의 생명현상에 반드시 필요한 것이지만 "움푹 파인 눈과 다 빠져버린 머리카락"의 신세가 되고 보니 이제 공기의 고마움을 알 것 같다. 암에 걸려 눈물을 글썽이며 올려다본 하늘을 "불행한 신의 숨구멍"이라고 표현했다. 성자 예수의 십자가 처형을 지켜보았던 성부 하느님의 고충을 생각해보았던 것이리라. "숨을 쉬고 있는 숨"이나 "눕지 않고는 데려갈 수 없는 밤" 같은 상징적인 표현이 목표로 하고 있는 것은 피조물 혹은 유한자에 대한 인식이다. 다시 말하면 지금 살아있는 내가 누리고 있는 이 시간을 어떻게 보낼 것인가, 하는 데 대한 인식이다. 최후의 시간은 오늘도 멈추지 않고 여지없이 다가오고 있다. 시간에 대한 명상을 이 시의 제일 앞머리에 실은 이유를 알겠다. 우리 모두 지금 살아 숨 쉬고 있으니 이 시간을 금쪽같이 아껴 써야 한다고 말하고 싶었던 것이리라. 시집의 제1부는 타임머신을 타고 과거로 날아가는 여행을 하면서 쓴 시가 주로 모여 있다.

『너희 하나님 여호와께서』에 잘 나타나 있는데, 시인의 어머니는 오랫동안 무당을 불러 굿을 하였다. 공주에서도 한참 들어가는 첩첩산골에서 유년기를 보낼 때나 서울에 와서 살 때나 큰 굿 작은 굿을 큰 무당 작은 무당을 불러 수시로 했으니 집안의 기둥뿌리가 뽑혀 나갈 정도였다. "무당 신에게 빌고 빌었던 피 묻은 깃발들만 펄럭이고"(「갈등」) 같은 구절은 어릴 때부터 기독교 신앙심이 돈독했던 소년 근흥의 고민을 말해주고 있다. 어린 시절의 고향집에 대해 묘사한 시가 있다.

　　배 건너 줘 유

　　애절한 소리가 허공을 가르니 이쪽저쪽에서 물고기들이 깜짝 놀라 튀어 오른다 목이 아프도록 한참을 외쳐대다 작은 쪽문을 열고 고개를 빠끔히 내민다

　　기다려 유

　　배는 우리가 있는 방향에서 한참을 위로 올라가더니

이쪽으로 오는 데 한나절이다 기우뚱거리는 배에 급히
　　올라타니 나무판자로 가로지른 의자에는 못들이 여기저
　　기 튀어나와 모퉁이에 앉은 바닥에는 나무 틈새로 물이
　　솟아 올라오고
　　　　　　　　　　　　　　　　　　　―「고향집」부분

　고향은 한국전쟁 당시 인민군들도 발을 디디지 않은 첩첩
산골이었다. 사공이 태워주는 배를 타고 한참 들어가야 했으
니 얼마나 궁벽한 곳이었으랴. 유년 시절에 겪은 일들에 대
한 추억담과 고향마을에 대한 풍경 묘사는 연작시「고추 따
기」편에 잘 전개되고 있다. 처갓집 고향에서는 지금도 고추
농사가 주된 수입원인 모양이다. 시골에 가서 오랜만에 고추
를 따보다가 혼쭐이 나는 시인의 모습이 잘 그려져 있기도
한데, 농사가 결코 쉬운 일이 아니다. 그런데 그곳에서 백일
홍과 소나무를 보고 새삼스레 깨달은 것이 있다.

　　새로운 주인을 맞이하려고 고행을 하는
　　물을 잔뜩 머금은 나무들
　　몸통만 덩그러니 서 있는
　　두 쌍의 백일홍은
　　아물지 않은 상처로
　　시커멓게 멍이 들었다

옹벽 위에 빼곡히 서 있는 소나무
비 그친 새벽 봄바람이 세차게 불어
솔방울은 떨어져 자꾸만 내 앞을 굴러 지나가고

앞마당에 송홧가루가 쌓이면 쌓일수록
소리 없이 나무들
더욱 노랗게 피어나고 있다
—「생명」 후반부

시인의 몸이 감기 한번 안 앓을 정도로 건강했다면 "몸통만 덩그러니 서 있는/두 쌍의 백일홍"도 "옹벽 위에 빼곡히 서 있는 소나무"도 대수롭지 않게 보아 넘겼을 것이다. 하지만 그런 나무들도 생명체 유지를 위해 자연과 힘겨운 싸움을 하고 있다는 것을 고향에 가서 보고는 실감한다. 도시에서 살아가는 서민들도 사실은 마찬가지다. 「새벽 다섯 시」에 나오는 경비원 해병대 아저씨, 류 씨 아저씨, 서 씨 아줌마도 일찍 일어나 생활전선에서 몸으로 싸우고 있다. 이런 '삶'을 보면서 류근홍은 이 모든 생명체들을 노래하기로 마음먹는다. 시로써.

그래서 들어간 대학 문창과. 늦깎이 대학생의 애환이 「늦깎이 학생」, 「교실」에서 펼쳐지고 사업장에서의 애환은 「뼈소리」, 「무거운 눈꺼풀」에 드러난다. 그렇게 생업과 학업을

병행하던 그에게 큰 고난이 닥쳐온다. 암 발병, 수술, 투병, 재발, 또 수술……. 암도 네 가지가 차례로 엄습했으니 이 가혹한 병마 앞에서 어느 누군들 절망하지 않으랴.

> 굳은 껍질 속에 보이지 않는
> 죽음의 그림자를 알고는 있었지만
> 나와는 상관없는 것인 줄만 알고
> 굳이 낯선 암을 쪼개려고 하지 않았습니다
>
> 그랬던 나를 어느 날
> 사각 진 도살장에 눕히고
> 백정의 옷을 입고 부엉이 눈으로 다가와
> 창자를 내보인 나의 고깃덩어리를
> 칼과 가위로 물고 찢고 흔들며
> 잘라내고 덮었습니다
>
> 심한 멀미를 하는 것 같은 구토
> 머리털을 벗기는 노란 약을 의사는
> 나의 의지와 관계없이
> 하얀 줄을 통해 계속 위로 집어넣고 있습니다
> ―「투병기」 부분

독자는 이런 구절을 덤덤히 읽으면서 암에 걸리면 이 정도는 다 겪는 고통일 거야, 하고 생각하겠지만 직접 겪는 환자 자신은 "고통에서 벗어나면 곧 천국이라는 생각이 잘못된 것일까요?" 하고 부르짖는다. 아니, 울부짖는다. 너무나 고통스럽기에 그런 고통이 없는 곳이 곧 천국이다. 보통의 질병은 수술을 하면 나을 수 있는데 암은 재발의 위험이 있기 때문에 수술했다고 해서 치료되었다고 보기 어렵다. 항암치료도 견뎌내는 것이 쉽지 않다. 류근홍의 경우 신체 부위 네 군데에 차례로 암이 찾아오니 더더욱 절망스러웠을 것이다. "죽음을 몇 번씩이나 들락거리며 살아온 찌그러진/내 모습"(「유리 박물관」)이라며 자기비하를 하기도 하고 "상처로 구겨진 나는/세미한 바람결에도 두려워 떨고 있었다"(「봄날」)고 하면서 비관에 사로잡히기도 한다. 아내와 헤어질 날을 다음과 같이 예감하기도 한다.

> 아직은 당신이 내 안에 깊이 뿌리를 박고
> 늘 새로운 꽃을 피워주고 있지만
> 이제는 잡초도 올라오지 못하는
> 춥고 어두운 흙 속이 싫습니다
>
> 언젠가는 떠나가야 하는데
> 이렇게 당신과 이별할 수 없고

잠시라도 당신에게 꽃이 피고 향기를 피우는

내가 되고 싶습니다

그래서 나는 더욱 어떻게 해야 되는지를 몰라

눈물만 흐릅니다

―「이별」 부분

죽음의 문턱에 다다랐을 때 가장 크게 느낀 것이 아내와의 이별이었다. 그의 신앙 간증집에 잘 나와 있는 아내는 결혼 이후 힘든 시집살이를 꿋꿋하게 이겨냈다. 재력이 없는 집에 시집을 와서 현명하게 가계를 일구어갔다. 아내가 때로는 친구였고 때로는 후견인이었다. 가장 튼튼한 버팀목이었던 아내와의 이별을 상상하고는 이렇듯 절망감에 사로잡힌다. 해설자의 눈길을 더욱더 강렬하게 사로잡는 시가 있으니 「수술 전」과 「수술 날」과 「수술 후」다. 우리 모두 암에 걸리지 않고 천수를 다 누린 뒤에 잠을 자다가 스르르 눈을 감게 될까? 그런 천복은 1만 명에 한 사람 누릴까 말까일 것이다.

병원에 가면 다시는 못 올 것처럼 나는 물고기에게 밥도 듬뿍 주고 강아지도 예전보다 더 애틋하게 쓰다듬어 준다

무거운 발걸음으로 병원에 도착하면 소독 냄새가 제일

먼저 역겹다 수속을 밟고 병실에 들어오면 서로가 비슷
한 종류의 암으로 들어왔음에도 불구하고 자기의 병과
견주어보려고 서로 병세를 물어본다

  그중에 수술을 할 수 없는 환자들이 나를 부러운 눈으
로 쳐다본다 그래 수술할 수 있음은 살 수 있다는 것이야
스스로 위안을 삼았지만 계속되는 수술은 너무도 두려웠
고 공포스러웠다

  간호사와 젊은 의사가 나타나 내일 수술에 대하여 이
야기를 하며 저녁부터 관장을 하란다 또다시 시작되는
고통이 내 머릿속에 필름처럼 돌아간다 무기력하게 눈물
만 나왔다

―「수술 전」 전문

  수술조차 할 수 없는 환자들이 수술을 할 수 있는 환자를 부러워하는 광경이 나온다. 전자는 희망이 없고 후자는 희망이 있는 것이다. 수술이 잘되어 살아난다면? 하는 기대라도 해볼 수 있으니 말이다. 어떻게 생각하면 눈물 나는 장면이고 어떻게 생각하면 역설적인 장면이다. 다 암 환자인데 희망을 가져볼 수 있는 조건에 있다는 것이 사람에게 용기를 주기도 하니 말이다. 수술실로 가는 이동침대를 상상해보라. 삶과

죽음이 갈리는 순간이다.

> 자동문이 열리고
> 숨조차 쉬기 힘든 하얀 방에는
> 눈만 내놓고 하얀 옷을 입은 사람들이
> 벌거벗은 썩은 고기 한 마리 잡으려고 기다리고 있다
>
> 천장에는 부엉이 눈으로 죽어가는 몸에 고정을 시키고
> 더덕더덕 파리 떼를 온몸에다 붙인다
>
> 조금 있으니 알 수 없는 기계 소리가 적막을 깨고
> 낯익은 얼굴이 자꾸 내 이름을 부르는데
> 갑자기 필름이 멈추고
> 그래 어차피 언젠가는 다들 죽는데 뭘
>
> ―「수술 날」 후반부

수술 당일의 수술실 광경을 그리고 있다. 전신마취 직전이다. 류근홍은 여섯 번이나 겪은 수술이다. 이 비극적인 상황에서 소생과 완치를 누군들 꿈꾸지 않으랴. 하지만 비관적인 생각은 자신을 "벌거벗은 썩은 고기 한 마리"로 인식하게 한다. "그래 어차피 언젠가는 다들 죽는데 뭘"이라는 생각이 겨우 자신에게 위안을 준다. 이윽고 수술이 진행되고 수술 후 의

식이 깨어나면 아내가 옆에 있다.

>아내와 가족들은 개선장군이 된 나를 반겼다 고약한 남자가 아파 죽겠는 나를 시트째 번쩍 들어 병실 침대로 옮긴다
>
>간호사가 오더니 애썼다며 하얗고 노란 링거 주머니를 달고는 한참 설교를 한다
>
>아내는 타는 입을 물수건으로 연실 닦아주며 간호사가 시키는 대로 호스를 입에 물고 들이마셨다가 내뱉으라고 계속 잔소리를 하고
>―「수술 후」 부분

대한민국, 아니 전 세계 수많은 병원에서 매일 일어나는 일일 것이다. 암 수술을 받은 사람은 해야 할 것도 많고 하지 말아야 할 것도 많다. 재발이나 전이에 대한 두려움을 갖고 살아가야 한다. 류근홍의 투병기는 「앙상한 상처」, 「빛바랜 장독대」, 「산」, 「구들장」, 「슬픈 꽃」 등으로 이어진다. 가족 중 암에 걸린 이가 있거나 본인이 암에 걸려서 수술을 받아본 적이 있는 독자라면 이들 시에 100% 공감할 것이다. 한 행 한 행이, 한 연 한 연이 처절하고 비통하다. 어느 날은 생에 대한 애

착과 투병의 의지가 충천하다가 어느 날은 좌절과 체념의 낭떠러지로 굴러떨어진다. 삶에 대해 미련이 없이 편안히 생의 마지막 순간을 맞이하는 사람도 있다지만 우리 같은 범인은 그럴 수 없다. 몸도 아프지만 마음이 더 아프다. 위암 같은 것은 조기에 발견해 수술하면 완치도 가능하다. 그런데 류근홍에게는 네 가지 암이 교대로 엄습했으니 심적 고통이 다른 사람보다 훨씬 더 컸으리라.

> 마지막 살점까지 가져가려는 검버섯이
> 소리 없이 내 몸속에 자리를 잡고 목을 죄어
> 여섯 번이나 죽음을 오가며
> 차가운 침대에 누워야 했다
>
> 당신 곁을 지키고 있던 힘겨운 나무 한 그루가
> 밑동이 잘려진 채 나이테만 보이고
> 태양에 검게 그을린 구들장 같은 당신
> 아무 말도 못하고 뒤집혀진 가슴을 움켜쥐고만 있다
> ―「구들장」 부분

이 시에 나오는 '당신'은 아내일 것이다. 남편이 여섯 번 암 수술을 받는데 어떻게 평정심을 갖고 덤덤히 지켜볼 수 있으랴. "태양에 검게 그을린 구들장 같은 당신"은 "아무 말도 못하고 뒤집혀진 가슴을 움켜쥐고만 있다". 수술을 받은 당사자도 삶과 죽음의 강을 넘나드는 끔찍한 고통을 겪고 있지만 지켜보는 아내의 고충도 그에 못지않게 클 것이다. 이런 처절한 투병의 기간에 류근홍은 신을 영접한다. 시집의 제3부는 주님의 사랑을 확인해 가는 과정을 담고 있다. 그분은 평생 죄짓지 않고 살아온 나에게 왜 이런 시련을 주는 것일까.

> 총총히 별이 빛나고 은하수 쏟아지는
> 하얀 밤에 달과 함께 사랑의 동산까지
> 나란히 걸어줄 당신이 있어서 외롭지 않았다
>
> 힘들고 어려운 길을 만나면
> 언제나 내 곁에서 토닥거려주고
> 눈물을 흘리는 당신이 있었기에 오늘도 기다리며
>
> 똑같은 마음으로 또 다른 사람에게도
> 주님의 사랑을 마음껏 주련다
> ─「사랑 3」 부분

대체로 병마에 오래 시달리면 신경이 예민해져서 신경질적으로 변하게 마련이다. 주변 사람들에게 짜증을 내고 화를 낸다. 우울증 환자처럼 비관적인 말을 툭툭 던지기도 한다.

하지만 류근홍은 이 엄혹한 투병의 기간에 신의 사랑을 확인하면서 더욱 돈독한 신앙심을 갖게 된다. 그의 신앙심은 뿌리가 깊다. 어머니가 무속세계에 깊이 빠져 있을 때, 가족 몰래 그는 교회를 다녔다. 열사의 사막 리비아에서는 파송 나온 선교사를 섬기면서 믿음이 날로 성숙해졌다. 귀국해서는 교회 건설의 총대를 혼자 메고 온갖 난관을 다 극복하고 결국 훌륭한 성전을 건설한다. 시련은 그를 단련케 하였다. 병마에 지지 않고 욥처럼 더욱 굳건하게 신앙심을 갖게 되었으니 이것이야말로 기적이라고 해야 할까. 신의 역사라고 해야 할까.

>간절한 마음이 믿음으로 승화되니
>고요 속에 평온이 오고 성령은 심장으로
>끊임없이 들어오고 있습니다
>조금씩 몸이 따뜻해지며 무거웠던 눈꺼풀이
>떠지고 손과 발이 움직입니다
>
>(중략)
>
>보잘것없는 죄인을 인내와 자비로 살려주시며
>끝까지 나의 하나님 여호와께서
>동행을 해주시는 은혜가 너무 벅차

> 가슴으로부터 나오는 것은
> 눈물 그리고 눈물뿐입니다
>
> ―「동행자」 부분

구약의 욥기를 보면 잘 나온다. 하나님은 욥이 온갖 시련을 다 극복하면서도 신앙을 버리지 않고 하나님의 말씀을 따르자 나중에는 아주 큰 은혜를 베푼다. 욥이 만약 시련을 겪으면서 하나님을 원망하는 데서 그치지 않고 타락의 길을 걸었더라면 '고생 끝에 낙이 온다'는 속담은 실현되지 않았을 것이다. 욥은 하나님에 대해 원망도 수시로 했지만 마음을 고쳐먹고 우직하게 신앙인의 길을 걸어간다. 이런 욥이 하나님은 대견했던 것이리라.

> 모든 것이 주검으로 멈출 것만 같았던
> 슬픔이 주님을 향한 터질 듯한
> 그리움의 기도로 매달리니
> 예수님은 바람처럼 내게로 다가와
> 은밀히 부활의 손을 내밀고
> 침대에 누워 있던 저를 일으켜
> 여기까지 오게 하셨습니다
>
> ―「부활 2」 부분

류근홍은 생각한다, 네 가지의 암, 여섯 번의 수술에도 불구하고 내가 살아난 것은 현대의학의 힘으로만 이루어낸 기적이 아니라고. 나를 쓰시고자 한 신의 뜻이 분명히 있었기에 나를 살려낸 것이라고. 그는 구원에 대한 확신에 차 있다. 물론 인간이기에 때가 되면 다 죽는다. 그런데 몇 번이고 죽어야 했을 몸을 살려낸 이유가 무엇일까 곰곰이 생각한다.

산속에 그려진 움켜쥔 십자가 눈물로
몸을 녹이는 동안 공기와 빛이 들어와
죽음을 끝내 손에서 놓지 않았던 나에게 도적같이 다가와
주님의 냄새를 풍기고 있습니다
─「당신은」 부분

어리석은 내 생각과 판단을 용서하시고
매 순간 죽는 연습만 하게 해달라고
두 손 들고 외쳤습니다

회개는 당신을 움직여
선악과로 매일 죽는 것보단
아버지와 아들 관계로 맺어진
부활의 아침을 선물로 주셨습니다

> 이 기쁜 소식을 죽는 그날까지
> 당신의 선물을 나누며 살아갈 겁니다
> ―「기쁜 소식」 부분

그는 마침내, 의심을 떨쳐버리고 확신의 길로 나선다. 일단 끈질기고 모진 병마를 딛고 일어섰다. 매일 태양이 다시 떠오르고 새로운 아침이 시작된다. 눈떠 맞이하는 아침이 매일 얼마나 가슴 벅찬 환희의 시간일까. 회개하니까 아버지는 부자의 관계로 맺어진 이 아들에게 '부활의 아침'을 선물로 주셨다. 여섯 번 저승 문턱에 선 류근홍을 살려낸 주님은 세 가지 미션을 주신다. 하나는 신앙 간증을 열심히 하라는 것, 또 하나는 가난한 이들을 위해 봉사를 열심히 하라는 것(실은 오랜 세월 그는 동사무소에 쌀 기증을 익명으로 하였다), 또 하나는 시인으로 등단하여 시집을 내라는 것. 그의 신앙시를 읽으면서 해설자가 느낀 것이 있다. 어떤 시를 쓰라고 주제까지도 그 영감을 성령으로 받은 것 같다.

> 사소한 말에도 분노가 일어 억누르지 못하고
> 당신에게 소리를 지르며 화를 냅니다
> 건디기 힘든 무법자의 횡포와
> 반복되는 투병은 분노로 바뀌어
> 더욱 나를 조이고 있습니다

네 가지 암과 여섯 번의 수술
고통이 밀려와 증폭되는 우울증
너무도 커서 죽고 싶을 때면
언제나 다가와 따뜻한 가슴으로
꼭 껴안고 다독이며 눈물을 흘립니다

아무 말 없이 머리를 쓰다듬어주는 손은 떨렸고
어찌 할 바를 몰라 하는 당신
그토록 힘들어하는 나를
안타깝고 애타는 심정으로 지켜보는 마음
아마도 고통을 내 것으로 바꾸어보고 싶은 생각으로
울고 있었을 겁니다
—「고통은 나의 힘 2」 부분

암 환자인 남편이 마구 화를 낼 때, 아내는 "언제나 다가와 따뜻한 가슴으로/꼭 껴안고 다독이며 눈물을 흘"린다고 했다. 착한 아내를 울게 했던 자신을 반성하고 있다. 시를 쓰고 있기에 가능한 일이다. 시인의 눈물은 감사의 눈물이다.

우리는 타인을 사랑할 때는 물론 사랑을 받을 때도 행복감을 느낀다. 그렇다, 하나님은 류근홍에게 사랑할 시간을 허락한 것이다. 사랑을 체험할 시간을. 사랑을 실천할 시간을. 국내 건설현장에서, 해외의 건설현장에서 살면서 아내와 '따뜻한 시간'을 공유하지 못했는데 그 시간을 허락해준 것이다. 신앙인으로서 베풂의 시간을 제대로 가져보지 못했는데 이제 시골 교회에 가서 간증을 할 수 있게 되었다. 수많은 가난한 이들에게 음으로 양으로 도움의 손길을 내밀었다. 아아, 류근홍은 병을 이겨내면서 거듭났던 것이다. 이기적인 자신을 죽이고 이타적인 사람으로 부활하였다. 마지막 시편 「비만 내리면」의 '당신'은 아내일 수도 있고 하나님일 수도 있다. 이 감동적인 구절 앞에서 눈물짓지 않는다면 인간이 아니리.

>이불 뒤집어쓰고
>꽁꽁 숨어버리고 싶다
>그렇다고 당신은
>내 곁에 있는 것도 아니고
>쉽게 만날 수도 없는데
>
>당신의 숨결과 따뜻함이
>내 마음속에 묻어 있는
>깊은 사랑으로
>다시는 채워질 수 없음을 안다
>
>하염없이 내리는 빗줄기가

당신 있는 곳까지 닿게 하여

내 진한 그리움을 전하고 싶다

─「비만 내리면」 전문

  시인은 자연현상의 하나인 비가 와도 고마워하고 눈이 와도 고마워하는 사람이다. 시인 류근홍으로 거듭났으니 이번에 내는 제1시집의 어수룩한 부분들을 다 떨쳐내고 더욱 뜨거운 시들도 수놓아진 제2시집을 향해 매진해 갈 것을 당부한다. 시인은 가도 시는 남는다. 범인(凡人)이었던 류근홍 씨가 이제 시인 류근홍으로 살아가게 되었다. 좋은 시는 시공간을 초월하여 영원히 산다. 시인 또한 그러하다.

이 도서의 국립중앙도서관 출판시도서목록(CIP)은 서지정보유통지원시스템 홈페이지(http://seoji.nl.go.kr)와 국가자료공동목록시스템(http://www.nl.go.kr/kolisnet)에서 이용하실 수 있습니다.(CIP제어번호: CIP2018039046)

문학의전당 시인선 0302

고통은 나의 힘

ⓒ 류근홍

초판 1쇄 인쇄　2018년 12월 3일
초판 1쇄 발행　2018년 12월 10일

　　지은이　류근홍
　　펴낸이　고영
　책임편집　서윤후
　　디자인　헤이존
　　펴낸곳　문학의전당
　출판등록　제2017-000002호
　　　주소　서울시 마포구 마포대로 11길 91, 3층
　　　전화　02-852-1977　　팩스　02-852-1978
　전자우편　sbpoem@naver.com

　　　ISBN　979-11-5896-404-7　03810

* 이 책의 판권은 지은이와 문학의전당에 있습니다.
* 양측의 서면 동의 없는 무단 전재 및 복제를 금합니다.
* 잘못 만들어진 책은 바꿔드립니다.